Jean de La Fontaine, geboren am 8. Juli 1621 in Château-Thierry, ist am 14. April 1695 in Paris gestorben.

Jeder kennt die Fabel vom Fuchs und vom Raben oder die von der Grille und der Ameise. Aber wer weiß, daß La Fontaines Fabeln nicht nur von Tieren als Figuren der menschlichen Gesellschaft handeln, sondern daß es auch eine ganze Anzahl nicht verkleideter Menschen in seinem Fabelwerk gibt? Der Mann in den Wechseljahren und seine beiden Freundinnen ist so eine nichtanimalische Fabel, die sich in dieser neu übersetzten Auswahl findet.

Die Sammlung will durch die Zusammenstellung von bekannten und weniger bekannten Fabeln die Leselust auf La Fontaine wecken. Ihr eigentlicher Reiz aber liegt in der neuen Übersetzung, die lebendig, kraftvoll und rhythmisch ist, vom Tonfall her sehr gegenwärtig.

Daß die farbigen Illustrationen eine kongeniale Ergänzung des Textes darstellen, ist das Verdienst von Rolf Köhler. Er hat die klassischen Fabelmotive und die moderne, bisweilen auch ein wenig frech wirkende Übersetzung treffend ins Bild gesetzt.

Wer Spaß an La Fontaine haben möchte und ihn nicht im Original lesen kann, der tut wohl daran, zu Kecks Versen zu greifen. Und wer den Dichter im Original lesen kann, der dürfte auch seinen Spaß an diesen Versen haben, wenigstens aber sein Vergnügen an den Illustrationen von Rolf Köhler.

Thomas Keck, ein junger und überaus erfolgreicher Romanist aus Göttingen, kann auf zahlreiche szenische Lesungen verweisen, in denen er La Fontaines Fabeln im wörtlichen Sinne vorführt und den Klassiker der französischen Literatur ganz jung, frisch und modern macht.

insel taschenbuch 1451

Jean de La Fontaine

Die schönsten Fabeln

La Fontaine
Die schönsten Fabeln

Aus dem Französischen von Thomas Keck
Mit farbigen Illustrationen von Rolf Köhler
und einem Nachwort von
Jürgen von Stackelberg
Insel Verlag

insel taschenbuch 1451
Erste Auflage 1992
Insel Verlag Frankfurt am Main und Leipzig

Hinweise zu dieser Ausgabe am Schluß des Bandes
Vertrieb durch den Suhrkamp Taschenbuch Verlag
Umschlag nach Entwürfen von Willy Fleckhaus
Druck: Nomos Verlagsgesellschaft, Baden-Baden
Printed in Germany

1 2 3 4 5 6 – 97 96 95 94 93 92

Die schönsten Fabeln

Die Grille und die Ameise

Die Grille, die den Sommer lang täglich sang,
Fand sich völlig abgebrannt,
Als das Land im Schnee verschwand.
Nirgends gab's ein kleines Stück
Fliegen- oder Würmerspeck.
Hunger klagend ging sie hin
Zu Ameise, der Nachbarin,
Bat sie, ihr ein wenig Brot
Zu borgen in der schlimmsten Not,
Bis das Frühjahr wieder lacht.
Werd' bezahlen, sagt sie sacht,
Vor August, mein Wort als Tier,
Schuld und Zinsen, bar und hier!
Ameise verleiht nicht gern;
Die Unart liegt ihr völlig fern.
»Was taten S' denn zur Sommerzeit?«
Fragt sie jene, die da leiht.
»Hab' ein jedes Ohr ergetzt
Durch Gesang, tagaus, tagein.«
»Ach, Sie sangen? Nein, wie fein!
Wissen S' was? Dann tanzen S' jetzt!«

Der Rabe und der Fuchs

Herr Rabe saß oben im höchsten Geäst
Und hielt einen Käse im Schnabel fest.
Herr Fuchs hat den Käse sofort gerochen
Und ungefähr so zu dem Raben gesprochen:
»He, hallo, mein lieber Herr von Rabenstein.
Ach, sind Sie hübsch! Nein, sind Sie fein!
Im Ernst, wenn Ihre Lieder
So sind wie Ihr Gefieder,
Dann sind Sie im Walde der Phönix am Platz.«
Den Raben begeistert der ehrliche Satz;
Und stolz seinen schönen Gesang im Sinn,
Öffnet weit er den Schnabel, der Käse fällt hin!
Der Fuchs, der schnappt ihn sich und sagt: »Sie sehn,
Mein guter Herr, und Sie verstehn,
Daß jeder Schmeichler stets auf Kosten dessen fährt,
Der auf ihn hört. Die Lektion ist wohl einen Käse wert.«
Und es schwor der Rabe, beschämt und verwirrt,
Ein bißchen zu spät, daß ihn keiner mehr kirrt.

SED DE SUO
RESURGIT ROGO
MAÎTRE CORBEAU
FROMAGES
EN GROS & EN DETAIL

Der Frosch, der sich so breit machen wollte wie das Rind

Ein Frosch sah einst ein Rindvieh stehn,
So was Bulliges hat er noch nie gesehn.
Er selbst war sichtlich kleiner als ein Ei
Und streckte sich neidisch und blähte und quälte sich sehr dabei,
Um auch so schön groß zu werden wie dieses Tier.
»Herr Stier«, rief er, »seht mal hier und verratet mir,
Bin ich jetzt so groß wie Ihr?« – »Aber nein, Ihr seid klein!«
»Und nun? Wie mach' ich mich?« – »Nur lächerlich!« – »Und jetzt?
Bin ich jetzt ein Gigant?« – »Aber nein! Laßt es sein!«
Der kleine Dummkopf hat sich selbst zuletzt – Peng! – zerfetzt!
Seinen Lurchenverstand merkt man manchem an:
Jeder Lottokönig will sein Schloß,
Jeder Wohlstandssproß spielt den großen Boß,
Jeder Mickerling meint, er sei Superman.

Die zwei Esel

Zwei Esel waren auf Tour; Getreide trug der erste Held,
Der zweite schleppte das Salzsteuergeld.
Dieser, stolz auf ein Frachtgut, das jedem gefällt,
Hätte Erleichterung nicht gewollt – für nichts in der Welt!
Sein Gang war beschwingt, und weil's so schön schellt,
So schellte der Schelm mit der Mauleselsschelle:
Worauf der Feind sich exposiert,
Der freilich nach dem Gelde giert
Und drum den Fiskusesel stoppt,
Verdrischt, verprügelt und verkloppt
Und überdies grausam verbeult,
Weil er sich wehrt; er schreit und heult.
Ich Ärmster, klagt er, ist das mein Lohn?
Mein Gefährte meidet die Konfrontation,
Und mich bringt man um, ich sterbe schon.
Doch sein Begleiter spricht: Es ist, mein Freund, für dich
Nicht immer gut, dein hohes Amt,
Denn wärst du Esel nur des Müllers, so wie ich,
Dann wärst du jetzt nicht so zerschrammt.

Der Wolf und der Hund

Ein Wolf war weiter nichts als Knochen nur und Haut;
So gut bewachte der Trupp der Hunde die Herde,
die satte.
Der Wolf traf einen Hund, der stark und schön gebaut,
Fett und sauber war und sich verlaufen hatte.
Ihn packen und in Stücke reißen!
Wie gerne würde Herr Wolf ihn zerbeißen!
Doch das hieße Kampf laut Gesetz der Natur,
Und der Köter hatte genau die Statur,
Mit der man sich wacker wehren kann.
Drum spricht ihn der Wolf ergebenst an,
Knüpft ein Gespräch und lobt sodann
Den dicken Wanst, den er phantastisch findet,
Worauf der Hund ihm gleich verkündet:
»Auch Ihr, mein Herr, könnt einen Wanst besitzen!
Verlaßt den Wald, das wird Euch nützen!
Euresgleichen sind dort ärmliche Geschöpfe,
Tunichtgute, Habenichtse, Trauertröpfe,
Die eigentlich schon längst vor Hunger tot sein müßten!
Und wieso? Keine Sicherheiten, keine geregelten Essenszeiten:
Immer nur kämpfen, immer nur streiten!
Kommt mit, ich will Euch für ein beßres Leben rüsten!«
Der Wolf aber fragte nun: »Wie muß ich mich dafür plagen?«
»Fast gar nicht«, sprach der Hund, »Ihr müßt nur jene verjagen,
Die Stöcke tragen und die nach Almosen fragen;
Dem Herrchen gehorchen, zu Freunden freundlich sein!
Ihr nehmt dabei vertraglich ein:
Sämtliche Küchen- und Essensreste,
Knürpsel und Knochen, nur das Beste,
Ohne vom Streicheln und so zu sprechen.«
Der Wolf sieht im Geist schon ein solches Glück,

Daß ihm vor Rührung die Tränen ausbrechen.
Unterwegs fällt sein Blick auf das kahle Hundegenick.
»Was ist das?« fragt er. – »Nichts.« – »Wie? Nichts?« –
»Nicht viel«, sagt der Hund.
»Also doch etwas?!« – »Die Kette, mit der ich angebunden,
Ist vielleicht für das, was Ihr da seht, der Grund.«
»Gebunden?« fragt der Wolf: »Ja, dreht Ihr denn nicht Eure
Runden,
So wie es Euch gefällt?« – »Nicht immer; doch was macht das?«
»Das macht soviel, daß ich auf Eure Körperpracht was
Pfeife! Ich will nichts von dem Wohlstandsspeck!
Den Preis zahl' ich auch nicht für goldenes Besteck!«
So sprach Herr Wolf und lief und läuft noch immer weg.

Das Kalb, die Ziege und das Schaf in einer GmbH mit dem Löwen

Ziege, Schaf und Brüderchen Kalb
Gründeten eine GmbH
Mit einem Herrn Löwe von außerhalb;
Gewinn und Verlust, das teilte man da.
Der Ziege war ein Hirsch in die Hände gefallen.
Sofort ließ sie nach den Partnern eilen.
Der Löwe zählte die Anwesenden an den Krallen,
Sprach: »Wir sind vier, um die Beute zu teilen!«
Und schnitt dann den Hirschen zu vier großen Ballen.
Den ersten nahm er sich selbst. So machen es die Herren:
»Der ist mir«, sprach er, »und zwar, damit ihr's wißt,
Weil mein Name Löwe ist.
Dagegen kann sich niemand sperren!
Der zweite gehört mir von Rechts wegen auch:
Das Recht des Stärkeren, ihr kennt ja den Brauch.
Als Mutigster muß ich auf dem dritten bestehen.
Möchte einer von euch sich den vierten besehen,
Dann werd' ich ihm erst mal den Hals umdrehen.«

Die Stadtmaus und die Feldmaus

Letztens lud die Maus der Stadt
Sich zu Gast die Feldmaus ein,
Bürgermäßig, höflich, glatt,
Ammernreste gab's und Wein.

Auf dem Perserteppich war
Angerichtet – wunderbar.
Möglichst offen lasse ich,
Wie dem Paar die Zeit verstrich.

Üppig war's, wie sich's gehört,
Auch die Auswahl war komplett . . .
Doch man hat das Fest gestört,
Dabei war's doch grad so nett!

Krach bemerkten da die zwei
An der Tür des Speisesaals:
Stadtmaus flüchtet eins, zwei, drei . . .
Ihre Freundin ebenfalls!

Krach hört auf, der Feind zieht ab:
Gleich verläßt man das Versteck;
Und der Städter sagt nur knapp:
Putzen wir den Braten weg!

Nein, mir reicht's, sagt die vom Land,
Morgen kommt mal Ihr zu mir!
Nicht, daß ich's nicht prächtig fand,
All die Luxusspeisen hier,

Doch daheim greift nichts mich an,
So daß ich dort essen kann
Ganz nach Laune. Nun gut' Nacht!
Scheiß' auf Spaß, der ängstlich macht!

Der Wolf und das Lamm

Des Stärkeren Recht ist immer das beste;
Ein Beispiel zieh' ich uns gleich aus der Weste:
An einem klaren Wasser blieb
Ein Lämmchen stehn und löschte seinen Durst.
Ein Wolf kommt plötzlich, den der Wunsch nach Wurst,
Den der Hunger an den Flußlauf trieb.
Meinen Trank zu trüben, wie kannst du das wagen?
Spricht wütend das Tier mit knurrendem Magen,
Bestrafen werd' ich dich für deine Dreistigkeit!
Herr, erwidert das Lamm, wenn Ihre Durchlauchtigkeit
Sich doch nicht so erregen wollten,
Da Sie viel mehr erwägen sollten,
Daß ich hier trinke an einer Stelle
Dieser Quelle,
Die mehr noch als zwanzig Fuß unter Ihrer gelegen,
Und daß ich daher wirklich in keinster Weise
Dero Labsal trüben könnte auch nur leise.
Du trübst es, entgegnet die Bestie verwegen,
Und ich weiß, du verhöhntest mich voriges Jahr!
Wie hätt' ich das, wo ich noch ungeboren war?
Fing das Lamm wieder an, ich trink' ja noch Muttermilch.
Dann war's halt dein Bruder, der Knilch.
Den hab' ich nicht. – Dann irgendeiner aus eurem Bunde,
Denn ihr schont mich nicht, ihr Frechen,
Ihr, eure Schäfer und eure Hunde!
Man sagte es mir, ich muß mich rächen!
Drauf verschleppt es der Wolf gleich in den Wald
Und frißt ohne weitres Besprechen
Und ohne Prozeß die Lämmergestalt.

Der Tod und der Unglückliche

Beständig rief ein Unglücksmann
Den Tod um seine Hilfe an.
O Tod, so sprach er, wie schön bist du für mich!
Komm schnell! Mach Schluß! Erbarme dich!
Der Tod, als er kam, trug wirklich schon den Hochzeitsring.
Und er klopft an die Tür und tritt ein und zeigt sich dem Mann.
Der schreit: Was seh' ich? Vertreibt mir dies Ding!
Wie ist es abscheulich! Es ekelt mich an!
Es ist wie ein Alptraum, ein Dauerschreck!
Nicht näher, o Tod! O Tod, geh weg!
Mäcenas war ein guter Mann:
Er sagte irgendwann: Man hänge mir die Krätze an,
Verstümmle und kastriere mich, vorausgesetzt ich kann
Noch leben dann, das reicht, mehr hab' ich nie erhofft.
Bleib fort, o Tod! so sagt man dir genauso oft.

Der Tod und der Holzhacker

Ein armer Holzhacker schleppte von riesigen Eichen
Den Reisig; gekrümmt von der Bürde des Bündels und der Jahre,
So keuchte er schweren Schrittes durch die kalte Klare,
Um seine durchräucherte Hütte zu erreichen.
Doch als ihm schließlich alle Kraft vor Last und Schmerzen brach,
Ließ er das Bündel ab und hing nun seinem Unglück nach.
Hat er denn Freude je gehabt, seit er geboren?
Hat je ein Ärmerer als er auf dieser Welt gefroren?
Kein Brot manchmal und niemals Ruhe noch.
Seine Frau und Kinder, Krieg und Steuerjoch,
Der Gläubiger, die Arbeitspflicht,
Die kerbten das Unglück in sein Gesicht.
Er ruft den Tod; der kommt sofort herbei
Und fragt, was hier zu machen sei.
Ich bitte dich, so spricht der Mann, es wäre jetzt soweit:
Lad mir das Holz hier wieder auf; das kostet dich kaum Zeit.
Der Tod macht alles heile,
Doch wir leben noch 'ne Weile.
Lieber Schmerz und Not als Tod;
Das ist das menschliche Gebot.

H + T

Der Mann in den Wechseljahren und seine beiden Freundinnen

Ein Mann in mittleren Jahren
Und mit graumelierten Haaren
Beschloß, es wäre nun soweit,
An Heirat zu denken sei die Zeit.
Er war finanziell gesund
Und hatte aus diesem Grund
Die Auswahl. Denn jede bot sich ihm zum Bund;
Unser Freier hatte nicht allzuviel Eile;
Etwas Passendes finden, das braucht seine Weile.
Zwei Witwen teilten sich nun seine größte Sympathie:
Die eine noch grün, die andre ein wenig überdatiert,
Jedoch dank Schönheitschirurgie
Ganz ausgezeichnet restauriert.
Die beiden heiterten ihn richtig auf,
Sie lachten und machten einen drauf
Und haben ihn dabei manchmal frisiert,
Soll heißen, ihm den Kopf justiert.
Die Alte zupfte ihm allmählich aus der Mähne
Die letzte schwarze Strähne,
Damit ihr Liebster mehr was Seriöses hat.
Die Junge zupfte auch, und zwar sein weißes Haar.
Das ging zuletzt so weit, daß unser Mann ganz glatt
Und kahl da oben war, da war ihm alles klar.
Meine Hübschen, sprach er, ich danke euch sehr,
Ihr habt mich gut geschoren;
Ich fühl' mich wie neugeboren:
Denn an Heirat und so was denk' ich nicht mehr.
Die Frauen wollen alle nur das eine,
Daß man sich in ihr Weltbild fügt.

Und deshalb nimmt der Glatzkopf keine,
Es hat ihm die Lektion genügt.

Der Fuchs und die Störchin

Herr Fuchs ging kürzlich aus dem Haus
Und lud Frau Storch zum Essen ein.
Die Mahlzeit fiel recht kläglich aus;
Der Kavalier war allgemein
Bescheiden: Suppe aß er Tag und Nacht!
Auf Tellern wurde die Suppe gebracht.
Frau Storch erwischte nichts, ihr Schnabel war
zu spitz und lang,
Dieweil der Strolch den ganzen Sud mit einem Haps
verschlang!
Die Störchin lud, um diesen Streich zu rächen,
Nach kurzer Zeit zu sich den Frechen.
»Ich komme«, rief er, »denn ob Fleisch, ob Fisch,
Bei Freunden bin ich gern zu Tisch!«
So lief er pünktlich auf den Tag
Zur Wohnung der Bewirterin,
Sprach, daß er sie herzlich mag,
Band die Serviette unters Kinn
Und hockte sich zum Essen hin.
Der Duft des fetten Fleisches freute ihn,
Das fertig war und lecker schien.
Man brachte, eng zusammenfassend,
In langen und schmalen Gläsern das Essen;
Der Schnabel der Störchin war hier grad passend,
Doch die Schnauze des Herrn war anders bemessen.
Er ging nach Hause ohne einen Bissen,
Verschämt, als wär' der Fuchs vom Huhn gerissen,
Mit schleifendem Schwanz, ein trauriger Gast.
Die Schelme meine ich! Aufgepaßt!
Macht euch auf Gleiches für Gleiches gefaßt!

Das Kind und der Lehrer

Im folgenden möchte ich einmal erzählen,
Wie blöde und eitle Schwätzer uns quälen.
Es spielte ein Kind am Seine-Strand
Und fiel dabei in den Fluß.
Daß dort nun eine Weide stand,
War göttlicher Beschluß.
Das Kind hält sich am Astwerk fest,
Da kommt ein Lehrer ans Geäst.
Das Kind schreit: »Hilfe! Ich geh' unter!«
Der Lehrer hört's, beugt sich hinunter
Und faßt den festen Entschluß, daß er mal wieder
schimpfen muß:
»Du kleiner Simplizissimus!
Jetzt schau, dahin hat deine Dummheit dich gebracht!
Wenn man so einen Bankert einmal nicht bewacht!
Was sind die Eltern doch für Unglücksraben,
Die solche Idioten zu hüten haben!
Die büßen für den Sündenfall! Das hält doch kein Mensch aus!«
Nach diesem ganzen Redeschwall zieht er das Kind heraus.
Wen ich hier alles meine, glaubt man nicht!
Jeden Schwätzer, Besserwisser und Pedant
Prangere ich an in meinem Bericht.
Diese Leute bevölkern das ganze Land.
Sie haben im Staate das Übergewicht.
Die können nichts – und das ist wahr –
Als reden in jeder Situation.
He Nachbar, rette mich aus der Gefahr,
Und halte nachher deinen Sermon!

Der Hahn und die Perle

Ein Hahn, der unterschlug
Einst eine Perle und trug
Sie zum erstbesten Juwelier.
Ich mein', sie sei sehr fein, sprach er,
Doch das kleinste Körnchen Hirse hier
Wär' mein Fall bei weitem mehr.

Es erbte einer, der nicht klug,
Ein altes Manuskript und trug
Es rüber ins Antiquariat.
Ich vermut', es ist sehr gut, sprach er,
Doch der kleinste Golddukat
Wär' mein Fall bei weitem mehr.

Die Eiche und das Schilf

Zum Schilfe sprach dereinst die Eich':
»Du bist so klein und weich, du knickst ja gleich,
Hockt sich dir nur ein Vögelchen auf die Statur.
Ein Hauch von Wind, nur eine Spur,
Verkrümmt dich schon zur Spottfigur.
Du grollst wohl recht auf die Natur?!
Hingegen ich, dessen Stirn dem Kaukasus gleicht
Und nicht nur nicht der Sonne weicht,
Nein, auch dem Sturmwind trotzt, ich bleibe stur!
Was Stärke dreizehn ist für dich, umsäuselt mich.
Ach, wärst du unter meiner grünen Mütze
Aus Laub erblüht, mit der ich alle rings beschütze,
Dann ließ ich dich nie im Stich
Und behütete dich vorm Wind, dem wilden Wüterich;
Doch meistens wächst du fern der Eiche
Am windbeherrschten, feuchten Teiche.
Die Natur scheint mir daher recht ungerecht zu dir.«
»Dein Mitleid ehrt dich sehr! Du meinst es ja mit mir
Sehr gut«, so sprach das Schilf, »doch keine Angst um mich
Gefährlich ist der Wind viel eher doch für dich!
Nicht breche ich, ich biege. Du hingegen
Hast zwar bis jetzt seinen schrecklichen Schlägen
Stolz widerstanden und gabst niemals nach,
Doch warten wir ab!« Und als es dies sprach,
Da zog voll Zorn das schlimmste Kind
Des Nordens auf, als scharfer Wind
Stürmte es aus der Ferne her.
Die Eiche hält. Es krümmt sich sehr

Das Schilf. Der Wind verdoppelt sein Gebraus
Und reißt sie mit den Wurzeln aus,
Sie, die ihr Haupt so hoch gen Himmel hob
Und ihre Füße ins Totenreich schob.

Der von einem Pfeil verwundete Vogel

Von gefiedertem Pfeil getroffen und tödlich verletzt,
Beklagte ein Vogel sein grausames Schicksal zuletzt
Und fragte, gemartert von gräßlich gesteigerten Qualen:
Muß man zum eigenen Unglück noch Beitrag zahlen?
Ihr bestialischen Menschen beraubt unsre Schwingen,
Um dann diese tödlichen Dinger zum Fliegen zu bringen.
Doch macht euch nicht lustig, ihr mitleidslose Brut:
Ihr laßt euch ja nicht einmal selbst in Frieden.
Die eine Hälfte der Kinder aus Japetos' Blut
Wird stets für die andere Waffen schmieden.

Man soll sich möglichst viele Freunde machen:
Oft braucht man grad die Kleineren und Schwachen.
Beweisen kann ich dies gleich doppelt,
Drum sind zwei Fabeln angekoppelt:

Der Löwe und die Maus

Es schlüpfte eine Maus aus ihrem Loch heraus
Und hüpfte ganz in Gedanken dem Löwen
vor die Pranken.
Großmütig ließ sie der Tierkönig aus,
Sie hatte ihr Leben nun ihm zu verdanken.
Die gute Tat blieb nicht vergebens.
Wer dächte wohl zeitlebens,
Daß so ein Löwe Umgang pflegt mit einer Maus?
Nun lief der Löwe eines Tages blöderweise
In eine Falle, in ein Netz auf einer Schneise,
Und kam trotz aller Wut und Wucht nicht mehr heraus.
Da sprang die Maus herbei und nagte an dem dichten
Gewirr, bis es zerstört war und der Löwe frei.
Geduld und Zeit kann mehr ausrichten
Als blinde Kraft und Raserei!

Die Taube und die Ameise

Das zweite Beispiel hier betrifft das Kleingetier.
Ein Täublein trank am Bächlein klein,
Da fiel 'ne Ameise hinein,
Und nicht gelang es ihr,
Das ferne Ufer strampelnd zu erreichen.
Die Taube ließ sofort ihr Herz erweichen
Und warf ihr einen Zweig der Nächstenliebe zu,
Der ward der Ameise ein rettendes Kanu,
Juhu! Und kaum hat die Rettungsaktion geklappt,
Da kommt so ein Blödmann dahergetappt.
Der Idiot hat per Zufall 'ne Armbrust dabei;
Und wie er den Venusvogel sieht,
Da meint er, daß dies sein Frühstück sei.
Und wie er die tödliche Sehne zieht,
Da zwickt ihn die Ameise in den Zeh!
Au weh! Der Dummkopf zuckt in jedem Glied,
Was wiederum die Taube sieht, die schleunigst flieht.
Weg fliegt der Braten – hastegedacht!
Das hat die Ameise gut gemacht!

Der Hahn und der Fuchs

Im Astwerk saß, allzeit bereit,
Als Wache ein alter, durchtriebener Hahn.
Bruder, sprach ein Fuchs mit süßlichem Sopran,
Schluß mit dem ewigen Streit:
Totaler Friede, das ist mein Plan.
Ich komme eigens, dich zu umarmen.
Laß mich nicht warten, hab Erbarmen!
Ich hab' noch viel Arbeit und muß gleich fort.
Die Deinen und du, ihr könnt, mein Wort,
Ohne Angst nach euren Geschäften sehn,
Wobei wir euch brüderlich zur Seite stehn.
Heut abend geht's los, versprich es mir!
Und inzwischen komm und hole dir
Den Kuß der liebedurchtränkten Brüderlichkeit.
Freund, erwiderte der Hahn, ich wüßte mir keine
Entzückendere und bessere Neuigkeit
Als diese eine
Von dieser Friedenszeit;
Und doppelte Freude ist sie mir,
Denn sie kommt ja von dir. Eben sehe ich
Zwei Jagdhunde, na, die schickt man sicherlich
In gleicher Sache als Kurier.
Sie laufen schnell, gleich sind sie hier.
Ich komm'! Dann küssen wir uns alle vier!
Adieu, sprach der Fuchs, mein Weg ist noch sehr weit!
Wir wollen den Erfolg der Angelegenheit
Ein andermal feiern! Und schon
Zieht der Lebefuchs Leine und macht sich davon . . .
. . . und ist enttäuscht von seiner Strategie;

Unser Hahn kichert leise kikeriki,
Daß dem Fuchs soviel Furcht noch beizufügen;
Denn es macht doppeltes Vergnügen, den Betrüger zu betrügen.

Die königsgeilen Frösche

Die Frösche waren angeödet
Vom Demokratenmief
Und haben solang rumgetrötet,
Bis Zeus die Monarchie ausrief.
Vom Himmel kam ein sanfter Souverän geplumpst.
Es hat dabei so laut gebumst,
Daß alles Lurchenvolk im Sumpf,
Ein ängstlicher Haufen und geistig dumpf,
Sofort ins Wasser sprang,
Zwischen Schilf und unter Tang,
In die Bunker unterm Teich,
Voll Angst, dem neuen Über-Scheich
Zu nah im Sichtbereich zu hocken,
Denn der war so ein Riesen-Brocken,
So irrsinnig groß, daß der erste glatt
Durchfall bekommen hat,
Der aus seinem Schlupfloch zu spitzen wagte,
Obwohl ihm vor Angst fast der Atem versagte.
Ein zweiter folgte, ein dritter traute sich heran,
Und plötzlich fing es dann zu wimmeln an;
Sie kamen alle und gaben sich locker,
Benutzten die Königsschulter als Hocker.
Der zahme Herrscher bleibt beherrscht, wie sich's gebührt,
Was bald schon dazu führt, daß Zeus die Folgen spürt:
Wir wollen, ruft das Volk, einen König, der sich rührt!
Da sendet ihnen der Monarch der Götter einen Reiher
An den Weiher,
Der sie genußvoll tötet und vernascht.
Die Frösche protestieren;
Doch Zeus sagt überrascht:
Ihr glaubt, ihr könnt mich kommandieren?!

Ihr hättet euer Staatssystem
Behalten müssen! Doch nachdem
Ihr das nun nicht gemacht, da wäre es doch angebracht
Gewesen, hättet ihr euch mit dem sanften Herrn beschieden.
Jetzt seid mit diesem hier zufrieden,
Und nehmt vor Schlimmrem euch in acht!

Der Säufer und seine Frau

Einen Tick hat jeder und kommt nicht davon los:
Daran ändern weder Angst noch Scham etwas!
Mir fällt ein Beispiel ein. Ich rede ja nicht bloß
So in den Tag hinein. O nein, ich stütze das
Auf triftige Belege! Von Bacchus ein Kollege
Versoff Gesundheit, Geist und Geld.
Die Sorte Menschen ist auf dieser Welt
Bankrott bereits auf halbem Lebenswege.
Als dieser eine eines Tages voll mit Wein
Verstand und Sinn auf einem Flaschengrund vergaß,
Da schloß ihn seine Frau in einem Grabmal ein.
Dort gärte sein Atem, will sagen: das Gas
Des jungen Weins. Und als er nun erwacht,
Da findet er um sich herum das Instrumentarium
Des Todes: Sarg und Leuchter, schwarz und stumm.
»Oh!« sagt er dumm. »Ist jetzt schon ewige Nacht?«
Da kommt sein Weib als Alekto verkleidet
Und krächzt, daß es einem die Sprache verleidet.
Sie tritt zu dem Scheintoten an den Sarg
Und bringt ihm einen Brodelbrei.
Der Gatte glaubt nun fest und stark,
Daß er bereits in der Hölle sei.
»Wer bist du?« fragt er das Schreckensbild.
– »In Satans Reichen«, geifert sie wild,
»Verwalterin! Mich plagt der Wahn
Zu füttern, die im Grabe liegen!«
Ihr Mann erwidert jedoch spontan:
»Kann ich auch was zu trinken kriegen?«

Der Wolf und der Storch

Die Wölfe fressen mit gierigem Schlund!
Ein Wolf nahm einen Imbiß und
Beeilte, sagt man, sich so sehr,
Daß er fast daran gestorben wär'.
Ein Knochen blieb stecken in seinem Rachen.
Er konnte keinen Pieps mehr machen.
Da kam zum Glück ein Storch vorüber.
Es winkt der Wolf, der Storch hüpft hinüber
Und beginnt sofort mit der Operation.
Er zieht den Knochen raus; und will dann auch durchaus
Für diese Erfolgstat seinen Lohn.
Deinen Lohn!? sagt der Wolf mit hartem Ton:
Du machst wohl Witze, altes Haus?!
Ja wie? Du zogst – das ist doch schon über Gebühr –
Deinen Hals aus meinem Maul dafür!
Du bist die undankbarste Kreatur von allen!
Hau ab, und komm mir bloß nie zwischen meine Krallen!

Der vom Menschen niedergestreckte Löwe

Ein Bild hängt in der Galerie,
Mit dem der Künstler darstellt, wie
Ein riesiger Löwe am Boden liegt,
Von einem einzigen Menschen besiegt.
Erhebend wirkt das Werk nach Ansicht der Kritik;
Ein Löwe kommt vorbei und beendet die Schwätzerei;
Ich sehe, sagt er, zwar, daß hier ganz klar der Sieg
An euch verliehen wird, an eure Kampfpartei;
Doch der Meister hat euch angeschmiert:
Er hatte die Freiheit, keck zu erfinden.
Mit größerem Recht hätten wir triumphiert,
Wenn meine Genossen zu malen verstünden.

Der Fuchs und die Trauben

Ein Fuchs aus Bayern, andre behaupten aus Hessen,
Fast tot vor Hunger, sah in hohen Lauben
Ganz offensichtlich reife Trauben,
So grün und prall, ein echter Fall zum Essen.
Der feine Fuchs hätt' gern sich ihrer angenommen,
War aber viel zu klein, um an sie ranzukommen.
Und sprach darum: »Zu grün! Nur gut für 'n Bauernmagen!«
War das nicht sozusagen besser, als zu klagen?

Der alt gewordene Löwe

Der Löwe, Tyrann über Wälder und Welt,
War nun alt und nur noch in traurigen Träumen
ein Held;
Zuletzt haben ihn seine eigenen Leute gestellt:
Denn die Kleinen wachsen, wenn der Große fällt!
Das Pferd kam zuerst und gab ihm einen Tritt,
Der Wolf einen Biß und der Stier einen Stoß.
Der arme Löwe schwieg und litt:
Zu alt, zu schwach, zu hoffnungslos!
Er lag nur still und duldsam da,
Doch als er dann den Esel kommen sah,
Da schrie er plötzlich: »Halt! Ich bin zwar alt und mürbe,
Doch von dir geschlagen, das wär', als wenn ich zweimal
stürbe!«

Das Kamel und der tote Ast

Der erste Mensch, der ein Kamel gesichtet,
Der ist vor diesem neuen Ding geflüchtet;
Der zweite ging näher ran; der dritte fertigte dann
Ein Zaumzeug dafür an.
So macht uns Gewöhnung mit allem vertraut.
Das, was uns fremd ist, wovor uns graut,
Ist bald mit unseren Augen versöhnt,
Sobald unser Blick sich daran gewöhnt.
Ein zweites Beispiel? Gerne:
Man stellte einstmals Wachen an den Strand;
Die sahen in der Ferne
Einen äußerst verdächtigen Gegenstand
Und meldeten kurzerhand einen feindlichen Flottenverband.
Nach kurzem wurde dann ein Tanker aus der Sache,
Ein Klappkahn dann, und dann war's eine Lache
Von Öl, ein Plastikfaß, zuletzt ein toter Ast.
Ich kenne vieles auf der Welt, das richtig
Gut in diese Fabel paßt:
Von weitem ist es wichtig, von nahem nichts und nichtig.

Der Fuchs und die Büste

Die Großen der Welt sind nichts als Maske und
Makulatur!
Ihr Anblick beeindruckt nur die simple Kriechernatur.
Der Esel beurteilt nur das, was er gerade sehen kann.
Der Fuchs dagegen geht den Dingen auf den Grund
Und schaut sie sich gründlich an; erkennt er aber dann,
Daß nichts dahintersteckt als schöner Schein, als Schund,
Dann fällt ihm sein alter Spruch wieder ein
Betreffs einer Heldenbüste aus Stein.
Die Büste war kitschig und viel zu groß.
Der Fuchs bemerkte dazu bloß:
Ein hübscher Kopf, doch leider kein Gehirn darin!
Wie viele große Herren sind Büsten in dem Sinn.

Der Kampf der Wiesel und der Ratten

Die Nation der Wiesel haßt,
Nicht weniger als die der Katzen,
Das Volk der Rattenfratzen;
Und wären nicht so eng gefaßt
Die Türen ihrer Röhren,
Dann käm' das langgestreckte Tier
Sofort hinein, so denk' ich mir,
Um alles zu zerstören.
In jenem Jahr, als in der Welt
Die Ratten nicht mehr wenig,
Hat Ratapon, ihr König,
Ein Heer ins Feld gestellt.
Gleichfalls pflanzten kurz darauf
Die Wiesel die Standarte auf.
Glauben wir dem Kriegsbericht,
So siegte man im Gleichgewicht:
Mit Blut von mehr als einem Haufen
Ist mehr als ein Feld vollgelaufen.
Die größte Last am großen Morden
Ist aber doch getragen worden
Von den großen Rattenhorden.
Ihr Zusammenbruch war ganz,
Trotz der Taten von Artapax,
Psicarpax, Meridarpax,
Die, bedeckt mit Schmutz und Glanz,
Die Kraft der Kämpfer stützten,
Den Staat noch lange schützten.
Vergeblich all die Heldentaten:
Das Schicksal zwang sie in die Knie.
Wie die Hasen liefen sie,
Offiziere und Soldaten.

Der ganze Adel starb dabei.
Der Mob fand völlig frei
Den Rückzugsweg ins Rattenloch
Und entkam mit wenig Mühe.
Die hohen Herrn jedoch,
Mit Hörnern auf dem Kopf wie Kühe,
Mit Federbusch und Hochfrisur,
Sei's, um aus dem Volk zu ragen,
Sei's, um damit nur
Die Wiesel zu verjagen:
Es kostete sie Kopf und Kragen.
Nicht Schlitz noch Loch, noch Schlucht
War breit genug für ihre Wucht,
Indes der niedere Stand
Im kleinsten Ritz verschwand.
Auf der Wiese Hauptmannsköpfe,
Bunt verteilt wie Hundeschiß.
Bunt geschmückte Schwulstschwellschöpfe
Sind kein geringes Hindernis.
Gepränge von zu hoher Klasse
Kann oft in einer engen Gasse
Verzögerung bedingen.
Aus jeder Lage wird dem Wicht
Ganz leicht die Flucht gelingen.
Dem Großen aber nicht.

Die Ärzte

Doktor Miesmann ging zu einem Kranken.
Auch Kollege Glück war grade da.
Glück sah Hoffnung, doch der Miesmann sah
Den Mann schon längst zu seinen Ahnen wanken.
Sie disputierten jedes krumme Haar.
Der Kranke zahlte bar sein letztes Honorar
Und starb, weil er der Meinung Miesmanns war.
So siegte letzten Endes doch der ärztliche Befund:
»Der Mann ist tot! Das war«, so meinte Miesmann, »klar!«
»Hätt' er auf mich gehört«, sprach Glück, »dann wär'
er jetzt gesund!«

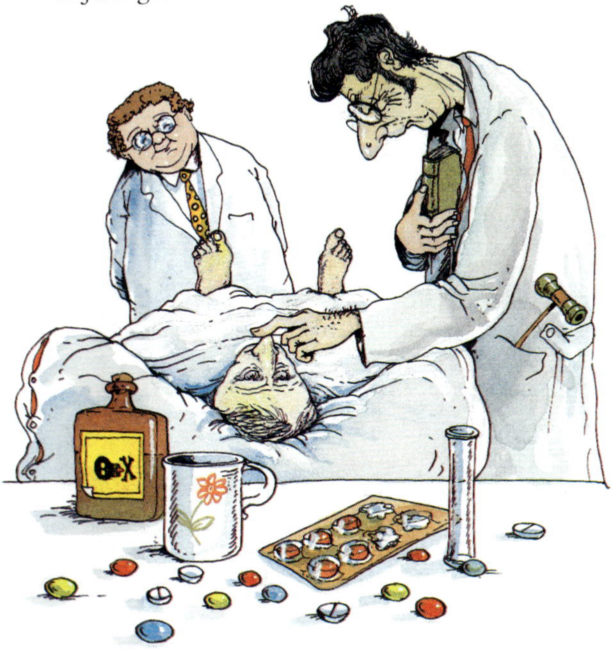

Wort des Sokrates

Sokrates hatte ein Haus gebaut,
Doch jeder fand das Werk versaut:
Man meinte zum Beispiel, um ehrlich zu sein,
Das Interieur sei nicht sehr fein;
Auch die Fassade sei zu fade, und alle stimmten ein,
Die Zimmer seien viel zu klein.
Für ihn ein solches Haus! Kaum groß genug für eine Maus!
»Ach, wollten die Götter«, so rief Sokrates aus,
»Daß dieses Häuschen voll mit wahren Freunden stehen soll!«
Sokrates hatte recht, jawoll:
Selbst mein Haus ist noch groß, wenn man's an Freunden mißt.
Ein jeder nennt sich Freund; daß ich nicht herzlich lache:
So häufig auch der Name ist,
So selten ist die Sache!

ΣΟΚΡΑΘΕΣ

Die Ohren des Hasen

An peinlicher Stelle verletzte ein Tier
Mit seinen Hörnern glatt
Den Löwen, der darauf sein Revier
Für Tiere mit Hörnern verboten hat,
Damit ihm das nicht noch mal passiert.
Die Stiere packten ihr Gepäck,
Hirsch und Ziege zogen weg,
Das Hornvieh hat sich delogiert.
Ein Hase sah den Schatten seiner Ohren
Und glaubte, daß nun die Inquisitoren
Die Ohren als Hörner interpretieren,
Zu Hörnern kurzweg deklarieren.
»Adieu, Frau Grille«, sprach er, »ich wandere aus;
Sonst stellen sich meine Ohren als Hörner heraus;
Und wären sie so klein wie die von einem Strauß,
Ich hätte dennoch Angst.« Die Grille aber lachte:
»Das sollen Hörner sein? Verkaufst du mich für dumm?
Die Ohren sind's, die dir dein Gott zum Hören machte!«
»Dann deutet man sie mir demnächst zu Hörnern um!
Zum Einhornsporn!« so sprach der Feigling wiederum.
»Was nützt mir dann mein Reden und mein Mich-
Beschweren?!
Die Vernunft wird man für verrückt erklären!«

Der Fuchs ohne Schwanz

Ein alter Fuchs, ein raffinierter,
Als Hasenjäger sehr versierter
Und Hühnerdieb aus bestem Stalle,
Ging schließlich doch mal in die Falle.
Er floh mit Glück – bis auf ein Stück,
Denn seinen Schwanz ließ er zurück:
So schwanzlos schämte er sich freilich
Und warb im Fuchsrat deshalb neulich
– er war ja, wie gesagt, nicht dumm –
Um schwanzbefreites Publikum:
»Wozu«, so sprach er, »dieses Gewicht?
'Nen Besen am Hintern, den brauchen wir nicht!
Drum sag ich kurz und knapp: Alle Schwänze ab!«
»Ein guter Tip«, rief einer aus dem Ort,
»Dreh dich mal um! Die Antwort kommt sofort!«
Da lachten kurz und knapp sich alle Füchse schlapp.
Der Ohne-Schwanz kam dort gar nicht mehr zu Wort.
Närrisch war die Episode;
Der Schwanz blieb weiterhin in Mode.

LET IT BE!
LESS IS MORE!

Der gebärende Berg

Es schrie so laut mit Weh und Ach
Ein Gebirge in den Wehen,
Daß alles herbeilief bei dem Krach
Und meinte, es müsse sich drehen
Um die Geburt einer Stadt, wie Paris so groß . . .
Und es gebar ein Mäuschen bloß!

Kommt mir diese Fabel in den Geist,
Von der die Handlung Lüge zwar,
Doch der Sinn darin ganz wahr,
Denk' ich an den Dichter meist,
Der sagt: Vom Krieg werd' ich euch singen,
In dem die Riesen mit den Göttern ringen!
Das klingt gewaltig. Doch was kommt dann wohl?
– Nur Kohl!

Der heilige Esel

Ein Esel trug einen Heiligenschrein
Und bildete sich ein,
Man bete ihn an als höchstes Idol.
Gebete und Weihrauch taten ihm wohl.
Doch einer sah den Irrtum und sprach:
Herr Esel, lenkt Euren Geist nicht nach
Der verrückten Eitelkeit!
Nicht Euch ist der Weihrauch geweiht.
Das, was Ihr tragt und nur vertretet,
Das Symbol wird angebetet.
Selbst Trottel wirken enorm
Als Beamte in Uniform!

Das Pferd und der Esel

Es helfe einer dem andern im Leben!
Hat dein Nächster den Geist erst aufgegeben,
So fällt die ganze Last auf dich.

Ein Esel begleitete einst ein sittlich schlechtes Pferd.
Das Pferd war mit sonst nichts als seinem Geschirr beschwert,
Der arme Esel jedoch zerschleppte sich fürchterlich.
Er bat das Pferd, ein wenig behilflich zu sein:
Sonst sei er tot, bevor die Stadt erreicht.
Die Bitte sei, so sprach er, äußerst klein:
Die Hälfte der Last, das schaffe es doch leicht.
Das Pferd aber lehnte ab und schlug ein paarmal aus:
Bis es sah, wie der Esel starb, vor Last, vor Schmerz und Pein.
Und es sah nun seinen Fehler ein.
Denn man hat ihm aus der Not heraus
Des Esels Lasten anvertraut
Und obendrein noch seine Haut.

Der Hund, der seine Beute für einen Schatten fallen läßt

Ein jeder irrt auf dieser Welt!
So viele Irre wetzen, um Schatten nachzuhetzen,
Daß man es kaum für möglich hält,
In etwa ihre Zahl zu schätzen.
Sie sind auf den Hund zu verweisen, von dem Äsop erzählt;
Den Hund, der einst im Fluß seine Beute gespiegelt sah,
Sie fallen ließ für das Bild, hineinsprang und beinah
Ersoffen wäre im Fluß; es hat nicht viel gefehlt.
Mit Mühe konnte er an Land gelangen
Und hatte weder Bild noch Fisch gefangen.

Die pestkranken Tiere

Ein Übel, das Grauen verbreitet,
Ein Grauen, das ein Gott, von Zorn verleitet,
Erfand, die Verbrechen der Erde zu rächen,
Die Pest (da man das Ding beim Namen nennen muß),
Bereit, noch heut den Styx zu füllen, den Totenfluß,
Die Pest fiel im Krieg über Weiden und Flächen
Der Tiere her, die zwar nicht alle starben,
Doch alle innerlich verdarben:
Es hoffte keiner für sein Leben mehr;
Selbst Fressen wurde fad und leer;
Nicht Wölfe noch Füchse mühten sich sehr
Um die sanfte und unschuld'ge Beute.
Die Turteltauben flohen sorgenschwer:
Die Liebe verschwand und folglich die Freude.
Der Löwe hielt Rat und sagte: »Genossen!
Der Himmel hat dieses Unglück beschlossen.
So scheint mir, um unsere Sünden zu sühnen,
Es möge der Schuldigste nun aus unseren Reihen
Sich demutsvoll zum Opfer weihen!
Vielleicht kuriert uns die Tat dieses Kühnen.
Die Geschichte lehrt ohne Frage: In solch einer
 schlimmen Lage,
Da muß ein Opfer auf die Waage!
Prüfen wir also streng und objektiv, wenn's geht,
Wie es um unser Gewissen steht!
Ich selbst ging aus Freßgier, um es offen zu sagen,
Tausenden von Schafen an den Kragen.
Warum? Es tat mir doch kein Schaf was Böses noch!
Manchmal ist es mir sogar passiert, da hab' ich ungeniert
Den Hirten schnabuliert.
Wenn's sein muß, werde ich mich also opfern! Doch

Es sollte wohl jeder sich beschuldigen, so wie ich:
Denn nach allem Recht ist es wünschenswert,
Daß der Schuldigste den Tod erfährt!«
»Herr«, sprach nun der Fuchs, »Ihr seid zu königlich;
Eure Skrupel zeigen zuviel Feingeschmack;
Tja, Schafe verschlingen, Gesindel, blödes Pack,
Ist das eine Sünde? O nein! Die königliche Mast
Beglückt und ehrt das Schaf, das Ihr Euch schmecken laßt.
Und was den Hirten betrifft, so darf ich sagen,

Daß dem Kerl alle Plagen der Welt zu wünschen waren;
Der gehörte doch zu denen, die zu glauben wagen,
Sie seien die Herren der Tiere, die Zaren aller Scharen.«
So sprach der Fuchs, und es klatschten die Schmeichler und
Toren.
Man wagte nicht zu sehr zu bohren
Nach des Tigers, des Bären und der anderen Größen
Weniger entschuldbaren Blößen.
Alle Raudis und Schläger, sogar die einfachsten Tölen,
Waren, nach Reden eines jeden, gesalbt mit heiligen Ölen.
Der Esel kam dran und sprach: »Soweit ich mich erinnern
kann,
Bin ich einmal an einer Klosterwiese vorbeispaziert,
Und von Hunger, Gelegenheit, zartem Gras und, so nehme
ich an,
Auch irgendeinem Teufel verführt,
Habe ich von der Wiese ein Zünglein breit abgemäht.
Es war illegal, das gestehe ich klar und offen ein.«
Man hat daraufhin den Esel öffentlich geschmäht.
Ein leicht gebildeter Wolf verkündete allgemein,
Es sei Pflicht, daß man dieses verdammte Tier als Opfer
nähme,
Diese Krätze, diesen Glatzkopf, von dem all das Unglück käme.
Sein Fauxpas wurde verurteilt als übelster Streich.
Fremdes Gras fressen! Wie gemein und abscheulich zugleich!
Jede Sühne außer dem Tod sei zu weich!
Er mußte dran glauben: Die Strafe war gerecht!
Ob ihr arm seid oder reich,
Entscheidet am Hof über gut oder schlecht!

Der Vorteil der Wissenschaft

Zwei Bürger einer Stadt verfingen
Sich einst in einen Streit.
Der eine war arm, doch vertraut mit den Dingen,
Der andere reich, doch voll Unwissenheit.
Der letztere wollte mit allen Mitteln
Den taktischen Vorteil in der Sache:
Daß jeder Kluge, statt zu kritteln,
Dem Reichtum Reverenzen mache.
Ein dummer Wunsch! Denn wer verehrt
Schon etwas, das er nicht begehrt?
Das wäre, scheint mir, doch verkehrt.
»Mein Freund«, so sprach der reiche Mann
Den Weisen öfters an,
»Sie denken, Sie seien ein großer Fisch;
Doch halten Sie vielleicht groß Tisch?
Was nützt's, wenn Leut' wie Sie den ganzen Tag nur lesen?
Die hausen doch im wirklich allerletzten Loch!
Im Winter tragen die die Sommermode noch,
Und nur ihr Schatten bürgt für Schulden und für Spesen!
Den Staat belasten Leute sehr,
Die niemals Geld in Umlauf bringen:
Ein nützlicher Mann ist, mein' ich, nur der,
Für dessen Luxus stets die guten Münzen springen.
Denn unser Spaß beschäftigt weiß Gott alle Welt:
Den Handwerker, den, der das Kleid herstellt,
Und den, der es verkauft, die Frau, die es dann trägt,
Und Sie, der gutbetuchten Herren schlechte,
Doch teure Bücher zu widmen pflegt!«
Was der Reiche sich da zu sagen erfrechte,
Das hat den Klugen sehr erregt,
So daß er schwieg. Statt dessen rächte

Der Krieg ihn besser als Satire.
Gott Mars zerstörte ihre
Stadt, und beide mußten sie verlassen.
Der Dumme blieb asyllos auf den Gassen
Und sah, daß alle Leut' ihn hassen.
Der andre aber fand ein Gastgedeck in jedem Haus.
Nun zieht die Konsequenz daraus:
Laßt Dummen ihr Geschwätz; das Wissen zahlt sich immer aus.

Der Wolf und der Jäger

Raffgier, du Monstrum, dessen Augen blind
Für alle Gaben der Götter sind,
Werd' ich denn gegen dich mein Leben lang
vergeblich schreiben?
Wie lange soll mein Werk tabu für deine Ohren bleiben?
O Mensch, für weise Lehren ewig taube Nuß,
Sagst du denn niemals: »Schluß! *Genießen* wir das Hier und
Jetzt!«
Mach schnell, da man sein kurzes Leben nutzen muß,
Mein Freund! Ich schrei' dies Wort, weil es ein ganzes Buch
ersetzt:
Genieße! »Mach' ich!« Aber wann? »Von morgen an!«
Weißt nicht, daß dich bis dann der Tod schon haben kann?
Genieße gleich! Sonst wird ein Schicksal dich ereilen,
Wie Wolf und Jäger es in meiner Fabel teilen!

Der Jäger hat gerade einen Hirsch geschossen,
Da kommt ein Kitz, das gleich dem toten Waldgenossen
Gesellschaft leistet. Beide liegen tot im Moos.
So eine Beute fällt nicht jedem in den Schoß;
Ein Hirsch, ein Kitz, das reicht bescheidnen Jägern. Doch
Ein Wildschwein reizt nun unsren Bogenschützen noch,
Ein wahres Monstrum an Gewicht und Kraft.
Er schickt's zum Styx: Doch nur mit Mühe schafft
Die Parze diesen Faden. Die Todesgöttin hackt
Sehr oft, bis sie den Todgeweihten richtig packt.
Trotzdem fällt nun das Trumm durch Wucht des Treffers um.
Jetzt reicht's ja wohl! – Von wegen! Stumm
Kann nichts die Freßgier einer Kriegsmaschine machen.
Dieweil das Schwein sich anschickt, noch mal zu erwachen,
Da sieht der Schütze einer Furche längs ein Rebhuhn laufen,

Ein karger Zuwachs zu dem Totenhaufen.
Und dennoch spannt der Jäger seinen Bogen wieder.
Das Wildschwein aber rafft sein letztes Leben mit Gestöhn,
Rammt, schlitzt den Mörder auf, bricht dann gerächt im Tode
  nieder,
Und das Rebhuhn dankt ihm schön.

Der erste Teil der Fabel ist an den Gierhals adressiert:
Dem Geizhals aber soll der Rest gewidmet sein.
Es kommt ein Wolf vorüber und sieht, was hier passiert.
»Fortuna!« ruft er. »Dich lad' ich zum Essen ein!
So viele schöne Leichen! Und so lecker! Doch
Die muß man freilich rationieren.
(Der übliche Vorwand bei geizigen Tieren.)
Da hab' ich«, sagt der Wolf, »in einem Monat noch.
Eins, zwei, drei, vier Kadaver, wenn ich rechnen kann,
Dann ess' ich da vier Wochen dran.
Und übermorgen fang' ich an; doch unterdessen
Werd' ich die Bogensehne essen; das scheint mir
  wohlbemessen.
Die ist aus Darm gemacht, das hab' ich gleich gerochen!«
Und gierig stürzt der Wolf, nachdem er ausgesprochen,
Sich auf den Bogen, der geht los, und quer durchstochen,
So fällt der Schlauberger als fünfte Leiche hin,
Womit ich wieder bei dem Wort ›Genieße!‹ bin.
Der Tod der beiden Raffer hat es doch bewiesen:
Die Raffgier raffte jenen hin,
Der Geiz zerstörte diesen!

Der Affe und der Leopard

Der Affe und der Leopard
Verdienten am Jahrmarkt ihr Geld:
Sie haben sich jeweils auf ihre Art
Zur Schau gestellt. »Berühmt in der vornehmen Welt
Bin ich!« so sprach der eine. »Der König wollte mich sehen
Und wird auf einem Muff bestehen
Aus meinem Fell, wenn ich mal sterbe; es ist bunt
Gescheckt, gefleckt, gepünktelt und
So hübsch getupft auf gelbem Grund.«
Buntheit gefällt; der Anblick stimmte jeden heiter.
Doch Blicken braucht nicht lang, bald ging ein jeder weiter.
Der Affe aber rief: »Kommt her, ihr lieben Leute,
Einhundert Zaubertricks, die zeige ich euch heute!
Die Vielfalt, die man oft euch anpreist, und zwar laut,
Die hat der Leopard doch höchstens auf der Haut;
Doch ich hab' sie im Kopf: Ich, euer Liebling Gille,
Bertrands verschwägerter Schwiegersohn
Und Affe des Papstes, wenn er will,
Ich kam hierher – hier bin ich schon –
Von drei verschiednen Meeren, nur um euch zu sprechen!«
Er spricht, man hört ihn an; er tollt und tanzt den frechen
Affentanz, jongliert und rezitiert dazu;
Und kostet das etwa ein goldnes Silberstück?
O nein, ihr Leute, einen Sou!
Wer nicht zufrieden ist, bekommt sein Geld zurück.
Der Affe hatte recht: Nicht auf den Kleidern mag ich sie,
Die Vielfalt, sondern im Esprit:

Die eine zieht uns stets in angenehmen Bann;
Die andre ödet bald schon die Betrachter an.
Wie viele große Herren sind – leopardengleich –
Nicht geist-, doch äußerst kleiderreich.

Der Mensch und die Natter

Ein Mensch sah eine Natter schleichen
Und rief: »Du Biest! An dir tu' ich ein Zeichen,
Daran soll alle Welt genesen.«
Gleich wurde das verderbte Wesen
(Ich weise darauf hin, daß ich die Schlange meine,
Denn das versteht sich nicht so völlig von alleine!)
Die Schlange also wurde roh gepackt
Und eingesackt; und man beschloß den schlimmsten Akt:
Sie hinzurichten, schuldig sei sie oder nicht.
Zumindest hielt man Standgericht,
Das gab dem Urteil Rechts-Gewicht:
»Du Sinnbild aller Undankbaren! Mit Bösen gütig zu
verfahren
Heißt, dumm zu sein, drum stirb! Das wird auf immer mich
bewahren
Vor deinem Zorn und deinen Zähnen.« Die Schlange sprach zu
diesen Plänen
Auf schlängisch allerdings, es klang wie schwaches Gähnen:
»Wenn man die Undankbaren alle töten wollte,
So wüßt' ich nicht, wen man verschonen sollte.
Dich selber klagst du an! Dabei berufe ich
Auf deine Lehren mich. Wirf mal 'nen Blick auf dich!
Du hast mich in der Hand. Bring mich doch um! Dein Recht
Ist deines Nutzens, deiner Freuden, deiner Launen Knecht;
Nach diesen Gesetzen richte mich hin,
Doch gestatte, daß ich offen bin,
Ich muß ja doch zur Hölle fahren:
Das Sinnbild aller Undankbaren,
Das ist der Mensch und nicht die Schlange!« Das
Erschreckte den Menschen, er wurde blaß,
Doch fuhr dann wieder fort: »Du redest dumm und schlecht!

Vollstreckt' ich nun mein Wort, so wäre ich im Recht!
Doch untersuchen wir den Fall.« – »Na gut!« sprach das Reptil.
Man rief die Kuh aus ihrem Stall; sie kam; in knappem Stil
Trug man die Sache vor. »Das ist doch Kinderspiel!«
So sprach die Kuh. »Ist das mich herzurufen wert?
Die Schlange hat ganz recht! Was soll ich das verhehlen?
Der Kerl hier wird seit langer Zeit von mir ernährt;
Kein Tag vergeht, an dem ihm meine Gaben fehlen;
Ich bin sein Eigentum; mit meinen Kindern und
Mit meiner Milch bereichert er sein Leben.
Zerschlissen war sein Leib, ich machte ihn gesund;
Ich habe ihm all meine Kraft gegeben,
Sein Glück und Nutzen war mein Zweck.
Nun bin ich endlich alt; nun stehe ich im Eck
Mit Hunger; wenn er mich noch einmal weiden ließe . . .
Mich hält ein Strick! Und wenn mein Meister Schlange hieße,
Hätt' er es wohl vermocht, den Undank noch zuletzt
So weit zu treiben? Meine Meinung hab' ich jetzt
Gesagt! Adieu!« Der Mensch, von diesem Spruch entsetzt,
Sprach daraufhin: »Die faselt uns mit Unsinn voll!
Die Schwätzerin! Die ist ja toll!
Den Ochsen fragen wir.« – »Wir fragen!« sprach die Schlange.
Gesagt, getan! Der Ochse kam und käute lange
Den ganzen Fall in seinem Schädel wieder
Und sagte dann, ihn drücke nur für uns allein
Die schwerste Mühsal nieder,
Er drehe sich jahraus, jahrein im Teufelskreis der Pein,
Am Ende würden wir alleine profitieren,
Was Ceres Menschen schenkt, verkaufe sie den Tieren,
Und all dies Schuften, all die Qualen,
Die täten wir ihm schlecht bezahlen,
Mit Schlägen statt mit Heu; und sei er endlich alt und mürbe,
So meine man sogar, daß er beseligt stürbe,

Wenn man mit seinem Blut die Göttergunst erwürbe.
So sprach der Ochse. »Schluß mit diesem Mist,
Der groß geschwafelt ist!«
Schrie da der Mensch. »Der zeigt nur, daß er reden kann:
Anstatt zu richten, klagt er an!
Auch ihn weis' ich zurück!« Der Baum sollt' nun entscheiden.
Sein Urteil fiel noch schlimmer aus: Zum Wettermeiden,
Als Schutz vor Hitze, Wind und Regen diene er
Und hielt' für uns allein als Garten-Schmücker her,
Er sei nicht nur für uns die gute Schattenquelle,
Vor Früchten berste er; als Lohn indessen fälle
Ein Mensch, ein Bauer, ihn; das sei die Standortmiete,
Obwohl er uns das ganze Jahr doch etwas biete:
Im Frühling Blüten, Früchte, wenn der Herbstwind schwirrt,
Im Sommer Schatten, Wärme, wenn es Winter wird.
Warum nicht – ohne Axt – ihn einfach nur beschneiden?
Er hätte noch genügend Lebenskraft in sich gespürt.
Der Mensch, peinlich berührt, weil überführt,
Wollt' doch um jeden Preis den Fall für sich entscheiden.
Er sprach: »Ich bin ein guter Mann: Ich hör' mir diese Leute an!«
Und Sack und Schlange schlug er dann
Aufs Mauerwerk und hat das Kriechtier umgebracht.
Bei Großen wird das so gemacht.
Das Recht beleidigt die, die glauben, nur für sie
Sei alle Welt geboren: Schlangen, Leute wie
Du und ich und jedes Vieh.
Protest ist Idiotie!
»Da stimm' ich zu! Doch wie verteidigt man sein Recht?«
»Wenn es zu spät ist, immer schlecht!«

Die Fische und der flötende Schäfer

Tircis, der nur für die einzig geliebte Annette
Die schönsten Akkorde nach lieblichsten Noten
Seiner Stimme entlockte und seiner Musette
– die hätten selbst den Toten noch was fürs Ohr geboten –,
Sang damals am Ufer des Baches, dessen
Zarte Welle Wiesen umschwebte,
In deren Blütenfeldern der Zephir lebte.
Annette angelte indessen;
Doch kein Fischlein wagte sich heran.
Erfolglos strengte sie sich an.
Der Schäfer hätte in seinen Bann
Singenderweise selbst Monstren gezogen
Und glaubte nun (wie man sich täuschen kann), er zöge
auch die Fische an.
Er flötete ihnen zu: Ihr Bürger dieser Wogen,
Laßt die Najade doch in ihrem Grottenloch.
Kommt hoch zu Annette, der Schönsten der Schönen:
Habt keine Angst vor ihrem Joch!
Euch wird sie nicht verschmähn und verhöhnen:
Zu euch ist sie sanft und wird euch verwöhnen;
Es bringt euch ja keiner hier oben um:
Ein Fischteich harrt eurer, kristallig klar und rein,
Und überhaupt – wer sagt zu diesem Köder nein? –
Tod durch Annette – was gäb' ich nicht drum?
Der Wortschwall bewirkte jedoch nichts beim Publikum:
Das ganze Auditorium war genauso taub wie stumm.
Tircis predigte umsonst: Doch kaum war sein honigsüßes
Gebet
Vom Winde verweht,
Da warf er ein großes Netz. Zack, waren die Fische drin,
Zack, legte er sie hin zu Füßen der Schäferin.

O ihr Hirten von Menschen und nicht von Schafen,
Herrscher, denkt ihr, durch Argumentieren
Kriegt ihr die Geister in euren Hafen?
Zwecklos, dies Hin- und Herdiskutieren!
Gebraucht eure Netze! Das funktioniert!
Mit Gewalt geht alles! Garantiert!

Der Löwe, der Affe und die beiden Esel

Der Löwe wollte, um gut zu regieren,
Moral studieren
Und ließ den Affen konsultieren,
Den Meister der Künste bei den Tieren.
Die erste Lektion, mit der ihn der Lehrmeister unterwies,
War dies: »Mein großer König, weise herrschen hieß
Und heißt, daß jeder Fürst nur da ist für den Staat,
Und Arbeit für den Staat muß wichtiger ihm sein
Als jene Regung, die man allgemein
Die Eigenliebe nennt; denn sie ist in der Tat
Der Vater und Urheber aller Gebrechen,
Die bei den Tieren ins Auge stechen.
Zu wollen, daß man frei von dieser Regung sei,
Ist keine so kleine Spielerei,
Daß man in Tagesfrist schon damit fertig ist;
Es reicht, wenn Ihr zunächst dies Gefühl zu mäßigen wißt.
Nur dann, Majestät, wenn Ihr das versprecht,
Geht Ihr sicher, nie etwas zu tun,
Das lächerlich ist oder ungerecht.«
»So gib mir«, sprach der König nun,
»Ein Beispiel an, und zwar für beide Fälle!«
»Ein jedes Geschlecht«, dozierte der Doktor,
»(Wobei ich uns an den Anfang stelle)
Ein jeder Berufszweig lobt sich selbst empor
Und schimpft die anderen Ignoranten,
Versager, dumme Dilettanten
Und was man sonst an Seichtigkeiten sagen kann.
Doch seinesgleichen preist man in die Wolken dann –
Die Eigenliebe macht's! Denn man hebt sich auf diese Weise
Selbst in die höchsten Kreise.
Man sieht recht gut daran, so schließ' ich logisch an,

Daß mancher große Mann nur seine Rolle kann,
Intrigen spinnt und sich geschickt in Szene setzt,
Weil man die Packung höher als den Inhalt schätzt.
Vor kurzem folgte ich insgeheim
Zwei Eseln, die sich mit Lobhudelschleim
Im Wechsel beschmierten, mit Weihrauch bebliesen, wie
man's so macht,

Und hörte, was einer dem anderen sagte, bitte gebt acht:
›Mein Herr, befinden Sie's nicht dumm und ungerecht,
Dies ach so vollkommne Tier namens Mensch? Ja, zieht es
nicht keck
Unsren erlauchten Namen in den Dreck
Und beschimpft als Esel alles, was blöd ist, stumpf und
schlecht?
Es schimpft – und mißbraucht seine Sprache dabei –
Unser Lachen und Sprechen Eselsgeschrei.
Die Menschen machen sich doch lächerlich: Sie wollen
Noch besser sein als wir; nein, nein, mein Herr, die sollen
Schweigen! Singen bitte Sie nun Ihre Melodie.
Die Schreier, das sind die! Doch Schluß jetzt mit dem Vieh!
Sie verstehen mich, und ich verstehe Sie.
Das reicht ja wohl! Und wenn nun Eure Durchlaucht spricht
Und Dero Götterstimme jedes Ohr besticht,
Verblaßt die Nachtigall als blutige Anfängerin.
Sie übertreffen Schock!‹ – Der andre daraufhin:
›Sie strahlen mir, mein Herr, im gleichen Götterlicht!‹
Das Rumgesülze war den Eseln nicht genug:
Sie veranstalteten einen Lobeszug
Durch die Städte! Es dachten wohl beide dabei,
Den Artgenossen zu feiern sei
Von Vorteil letztlich auch für sie.
Ich kenne viele Leute, die
Zwar keine Esel sind, doch mächtige Herr'n,
Vom Volk mit hohen Posten bedacht,
Die hätten ihresgleichen gern
Vom Kanzler zum Kaiser gemacht.
Ich sage vielleicht schon zuviel und setze voraus,
Daß Eure Majestät dies Geheimnis bewahren!
Ihr wünschtet zu erfahren,
Wie etwas Lächerliches aus

Der Eigenliebe kommen kann.
Die Ungerechtigkeit braucht viel mehr Zeit und kommt
dann später dran.«
Man hat mir nicht gesagt, ob jener kluge Affe
Irgendwann mit dem sehr delikaten Thema begann;
Der Weise wußte zu gut – er war kein blöder Laffe –,
Daß der Löwe dann und wann ein schrecklicher Mann
sein kann.

Der kranke Hirsch

Kürzlich erkrankte ein Hirsch in einem Hirschenland.
Sofort ans Krankenbett gerannt
Kam hilfsbereit ein Haufen netter Leute,
Um wenigstens Trost zu spenden: lästige Meute!
»Ihr Herren, ach, laßt mich doch ableben!
Ach, laßt mich den Löffel doch abgeben!
Da ist doch nichts dabei! Und laßt die Heulerei!«
Nichts da! Die Trösterpartei
Verrichtete gründlich und treu ihre traurige Pflicht;
Und als man mit Gottes Hilfe endlich gehen wollte,
Vergaß man zum Abschluß auch sein Gastrecht nicht:
Ein Schlückchen zu trinken, wozu man was Herzhaftes essen sollte.
Ein jeder bediente sich selbst, und alle fraßen alles leer.
Bald gab's ringsumher für den Hirsch kein Futter mehr;
Nirgends fand er noch einen Bissen.
Es ging ihm nun noch mal so beschissen;
Er wurde auf Diät gesetzt
Und starb den Hungertod zuletzt.
Ihr versteht es, die Kranken auszubeuten,
Psychiater, Ärzte, Therapeuten!
O Zeiten! O Sitten! Was hilft mein Protest?
Die Gier nach Profit ist wie eine Pest!

Der Fuchs, die Fliegen und der Igel

Durch seinen Blutgeruch zog einst ein Fuchs,
im Wald
Als keck bekannt und klug und alt,
Von Jägern schwer verletzt, gestürzt in Dreck und Schlamm,
Den Fliege-Parasiten-Stamm
Der sogenannten Fliegen an.
Den Göttern fluchte er und seinem Schicksal dann,
Daß es ihm das noch antun kann,
Als Fraß der Fliegen zu verrecken.
Was?! Sich auf mich zu stürzen, mich, der ich
Der Schlauste bin, der je den Wald durchschlich!
Seit wann wohl Füchse so gut schmecken?!
Was hilft mir jetzt mein Schwanz? Ist er denn nur ein Besen?
Der Himmel strafe dich, du unverschämtes Wesen!
Du lebst auf andrer Leute Spesen!
Ein Igel aus dem Nachbarwäldchen,
In meinem Werk ein neues Heldchen,
Der hätt' ihn gern befreit von jener Lästigkeit
Der freß-beseßnen Fliegenheit:
Ich werde sie zuhauf auf meine Stacheln spießen,
Mein lieber Fuchs, sprach er, und deine Qualen schließen.
Tu's nicht, so sprach der Fuchs, den Plan mußt du vergessen!
Ich bitt' dich, laß, mein Freund, sie bis zu Ende essen.
Die hier sind nun schon satt; ein neuer Schwarm jedoch
Käm' sofort über mich und quält' mich schlimmer noch.
Es gibt auf dieser Welt nur allzu viele Fresser:
Beamte fressen gut, Politiker noch besser.
Auf Menschen hat's Aristoteles angewandt.
Die Beispiele sind allgemein,
Und grad in diesem unsrem Land.
Je satter dieses Volk, je sichrer darf man sein.

Der Fuchs und die Truthühner

Vor Fuchsattacken war
Ein Baum die Burg einer Truthuhnschar.
Und wie nun der Schlaue die Festung umschlich
Und alles wachte und hütete sich,
Da schrie er: »He?! Die verkohlen mich!
Ist denen denn jetzt kein Gesetz mehr heilig?
Bei Gott! Dagegen wehre ich mich freilich!«
Es schien jedoch der Mond mit Absicht viel zu helle
Für die geplanten Überfälle.
Der Fuchs, ein Profi im Belagerungsgewerbe,
Hat nun die übelsten Schlichen ausgeheckt,
Tat harmlos oder so, als ob er sterbe,
War einmal tot und einmal wiederauferweckt . . .
Kein Kasper hätte mit soviel Effekt
So viele Rollen gespielt wie er.
Er hob seinen Schwanz und gab ihm Glanz
Und tausend ähnliche Späße mehr.
Kein Truthuhn schlief bei diesem Tanz:
Ständig kam ein neuer Jux;
Sie guckten sich müde an dem Fuchs.
Der Böse hat sie munter eins nach dem anderen hypnotisiert.
Und fiel dann eins herunter, so hat er es gleich kassiert,
Konserviert und in die Speisekammer transportiert.
Fast die Hälfte ist krepiert!
Paßt man nämlich zu sehr auf,
Geht man oft grad deshalb drauf.

Der Affe

Es gibt einen Affen in Paris,
Der hatte mal eine Frau.
Als Gatte war der Affe fies:
Er schlug sie grün und blau
Und hat sie schließlich totgeschlagen.
Die Augen weint sich rot
Ihr Sohn und hört nicht auf zu klagen.
Der Vater lacht sich tot:
Die Frau ist futsch! Er hat nun andre Liebchen,
Die kriegen von ihm schöne Hiebchen.
Dann geht er meistens einen saufen.
Erwartet nichts Gutes von diesem Haufen
Von äffischen Kritzlern und Imitatoren . . .
Die schlimmsten sind die Schund-Autoren!

Der Affe
(Deutsche Variante)

Es gab einen Affen in deutschem Gau,
Der nahm sich einmal eine Frau.
Als Gatte war er eine Sau:
Er schlug sie grün und blau
Und hat sie schließlich totgeschlagen.
Die Augen weinte sich rot
Ihr Sohn und hörte nicht auf zu klagen.
Der Vater lachte sich tot;
Die Frau war hin! Er hatte andre Liebchen,
Die kriegten von ihm gute Hiebchen.
Dann ging er sinnlos sich besaufen.
Erwartet nichts Gutes von diesem Haufen
Von äffischen Dichtern und Denkern . . .
Die Künstler werden oft zu Henkern!

Ein Narr und ein Weiser

Mit Steinen warf ein Narr nach einem
weisen Mann.
Der Weise dreht sich um und sagt: Ich danke dir,
Mein Freund, das machst du gut; nimm diesen Taler hier!
Verdient hast du ja mehr, so sehr strengst du dich an.
Denn jede Arbeit, heißt's, verdient auch ihren Lohn!
Doch schau mal, der da vorn, der Herr Finanzpatron;
Erweise ihm den Dienst! Der Mann belohnt dich reich!
So sehr lockt der Verdienst, daß unser Narr sogleich
Den andren Bürger überfällt.
Doch der entlohnt ihn nicht mit Geld.
Statt dessen rücken die Leibwächter an, nehmen ihn ran
Und schlagen ihn dann, bis er nicht mehr laufen kann.

In höchsten Kreisen sind die meisten Narren zu finden:
Auf deine Kosten machen sie die Mächt'gen lachen.
Verdrischst du sie, um ihr Geschwätz zu unterbinden?
Du bist vielleicht für solche Sachen
Nicht stark genug. Dann bring sie an den richt'gen Mann,
An einen, der sich rächen kann!

Der Fuchs und das Eichhörnchen

Man soll sich über Verfolgte niemals amüsieren,
Denn wer ist schon voll versichert gegen jedes
Unglück der Welt?
Ich könnte den weisen Äsop zitieren,
Dessen Werk auch hierfür Belege enthält;
Ich tu's aber nicht! Gewisse Akten
Liefern mir nämlich die besseren Fakten.

Vor kurzem hat der Fuchs das Eichhörnchen ausgelacht;
Er sah es von einem Sturm in Lebensgefahr gebracht:
»Du bist nun«, sprach er, »bald totengräberreif;
Umsonst schützt du den Kopf dir mit deinem Schweif.
Je höher du dich verstiegen hast,
Desto sicherer kriegst du jetzt Schläge verpaßt.
Du strebtest zum höchsten Rang im blitzbenachbarten First:
Nun siehst du, was du hast; ich steig' auf keinen Ast,
Ich lache hier unten so lang, bis du zerdonnert wirst.«
So hat sich der Fuchs ins Fäustchen gelacht
Und hat noch manch Hühnchen in selbiger Nacht
Zum Brathuhn gemacht;
Das Eichhörnchen aber wird nun begnadigt von
himmlischer Wut;
Es blitzt und donnert nicht mehr, das Wetter wird wieder gut,
Der Sturm klingt ab; die Morgensonne erwärmt die Flur,
Da sieht ein Jäger die Spur
Des Fuchses rund um sein Versteck:
»Du wirst«, so spricht er, »die Hühner bezahlen.«
Und schon stürzen Jagdhunde wie die Vandalen
Sich auf den Sportsfreund, und der rennt weg;
Das Eichhörnchen sieht ihn, wie er zuletzt
Noch flieht vor der Meute, die ihn hetzt.

Und dieser Spaß bleibt kostenfrei,
Denn bald schon sieht es ihn auf Charons Fähre.
Es sieht ihn tot, aber lacht nicht dabei,
Es zog aus dem eigenen Unglück die Lehre.

Epilog

Ich schließe die Arbeit nun beizeiten.
Die langen Werke beängstigen mich.
Statt eine Sache totzureiten,
Beschränke man aufs Schönste sich!
Es wird jetzt Zeit, mich zu verschnaufen
Und Kraft zu sammeln, einem Haufen
Andrer Dinge nachzugehen.
Amor, mein Privat-Tyrann,
Will mich neu beschäftigt sehen:
Sein Verlangen stille man!
Zu Psyche muß ich wieder: Damon, du verlangst,
Daß ich ihr Glücksempfinden male, ihre Angst.
Nun gut: Vielleicht gerät mein Künstlerherz
Für sie sogar in Glut.
O Glück, wär' diese Arbeit auch der letzte Schmerz,
Den mir ihr Gatte tut!

Jean
de
la
Fontain

Nachwort

Jean de La Fontaine (1621-1695) zählt in Deutschland zu den großen Unbekannten aus dem westlichen Nachbarland. Gewiß, jeder, der in der Schule über die französische Elementargrammatik hinaus auch einmal mit literarischen Texten in Berührung gekommen ist, kennt die Fabel vom Fuchs und vom Raben oder von der Grille und der Ameise. Aber wer kennt auch die Geschichte von den pestkranken Tieren, vom Wettstreit zwischen dem Affen und dem Leopard, vom Menschen, der eine Natter gefangen hatte, oder von den Fischen und dem flötenden Schäfer? Wer weiß, daß La Fontaines Fabeln gar nicht immer nur von Tieren, das heißt natürlich von Figuren der menschlichen Gesellschaft, handeln, die uns in Gestalt von Füchsen, Raben, Lämmern oder Störchen vorgeführt werden, sondern daß es auch eine ganze Anzahl »unverkleideter« Menschen in seinem Fabelwerk gibt? »Der Mann in den Wechseljahren und seine beiden Freundinnen« ist so eine nicht-animalische Fabel, die sich in dieser Auswahl findet, »Die Ärzte« eine andere . . . Das heißt: dieses Büchlein mag ein gewisses Interesse allein schon durch die Zusammenstellung verdienen, die einen kleinen Teil bekannter Fabeln mit einem größeren Teil weniger bekannter vereint.

Seine eigentliche Legitimation aber ist natürlich die neue Übersetzung. Hie und da wird sie sicher Anstoß erregen, manch einer wird sie ein bißchen zu frech, zu modern oder anachronistisch finden. Aber macht es nicht Spaß, sie zu lesen? Darauf sollte es in erster Linie ankommen. Man könnte freilich auch sagen, die Frechheiten dieser neuen Übersetzung seien durch gegenteilige Tendenzen älterer Übersetzungen wie durch den Kunstcharakter der Fabeln selbst einigermaßen gerechtfertigt. Die zur Zeit in Deutschland meistverbreitete La Fontaine-Übersetzung stammt nämlich aus dem Jahre 1877. Verfaßt von Ernst Dohm, wurde sie in München, in einer Überarbeitung von

Gustav Fabricius 1978 neu herausgebracht und später zu einer Lizenzausgabe an einen Taschenbuchverlag weitergegeben. Leider weiß man nie, was an dieser Ausgabe von Dohm, was von Fabricius stammt. Ein kleines Kostpröbchen mag den Stil der Übersetzung kennzeichnen. Die Fabel von der Grille und der Ameise beginnt da so:

> Grillchen, das den Sommer lang
> Zirpt' und sang,
> Litt, da nun der Winter droht',
> Harte Zeit und bittre Not:
> Nicht das kleinste Würmchen nur,
> Und von Fliegen keine Spur!

Liest man das niedliche Wort »Grillchen«, dem sich später auch noch das »Ämschen« hinzugesellt (Vers 15), mag man sich an Kinder- oder Volkslieder wie unser »Hänschen klein« oder »Röslein rot« erinnert fühlen. Bei La Fontaine hieß die Grille »la cigale« und die Ameise »la fourmi«: also so schlicht und sachlich wie nur denkbar. Und es klingt ebenso sachlich, wenn die Grille zu ihrer Nachbarin, der Ameise, läuft, um über ihren Hunger zu klagen: Davon, daß sie »weinend leise« zur Ameise »geschlichen« käme (wie es bei Dohm heißt), steht wieder nichts bei La Fontaine. Auch die »harte Zeit und bittre Not« bringen einen falschen, nämlich mitleidheischenden Ton in die Übersetzung. Dann der »Erntemond«, in den Dohm den Monat August (in Vers 13) verwandelt: Auch er ist ein Schnörkel, der der einfachen und direkten Aussage des Originals widerspricht und etwas deutschtümelnd Gesuchtes in die Übersetzung bringt. Thomas Keck, dem neuen (und noch jungen) Übersetzer, mag man dies und das vorwerfen, solche Schnörkel verwendet er nicht, und weder »deutschtümelt« er, noch verniedlicht er La Fontaine. Das bekommt dem Klassiker, der alles andere als sentimental war und der dem Treiben der Menschen illusionslos gegenüberstand, nicht schlecht. Eine gewisse Modernisierung tat angesichts der Dohmschen Übersetzung not. Aber es gibt noch eine andere vollständige neuere Fabelübersetzung, die angeführt zu werden verdient, auch wenn sie heute vergriffen ist. Sie erschien 1948 und stammt von Rolf Mayr. Insgesamt ist sie weniger konventionell und auch witziger als Dohm und Fabricius. Nur leider sind Mayrs Reime zu oft von der Sorte »reim Dich, oder ich freß Dich«. Die Anfangsverse der ersten Fabel lauten bei Mayr so:

Die Grille trällerte und sang
den ganzen lieben Sommer lang
und fand sich plötzlich sehr beklommen,
als der Nordwind war gekommen:
im Haus war nicht ein Bröselein,
Regenwurm und Fliegenbein.

Zugegeben, die Wahl des Wörtchens »trällern« geschah nicht so unbedacht, wie es scheinen mag: Mayr wollte sicher die Grille von vornherein als die leichtfertige Person kennzeichnen, die sie offensichtlich ist. Dennoch: »trällern« Grillen? Man sollte die Tiermaske, die La Fontaine seinen Figuren aufsetzt, nicht früher abreißen, um das menschliche Gesicht zu entblößen, als der Fabeldichter selbst es tut. Sein »Pulver zu früh zu verschießen« ist ein häufig anzutreffender Übersetzerfehler – gerade bei Übersetzern mit so guten Absichten, wie Mayr sie hatte. Das »beklommen« ist dann ein typischer Verlegenheitsreim, der mehr durch das Reimwort »gekommen« als durch die Sache motiviert ist. Will man auf Reime nicht verzichten, wird man wohl nie ohne solche Verlegenheitslösungen auskommen, aber wenn sie seltener sind als in den älteren Übersetzungen, sollte man das schon zugunsten der neueren verbuchen. Vielleicht wird mancher Leser der Keckschen Übersetzung an der leicht dialektal bajuwarisch klingenden Tönung der Schlußverse der ersten Fabel Anstoß nehmen. Ein andermal läßt der Übersetzer berlinische Töne anklingen. Grundsätzlich kann so etwas bei einem Autor wie La Fontaine nicht unangebracht erscheinen. Denn – damit kommen wir zum zweiten Grund für die Neuübersetzung – der Fabeldichter hat nichts lieber getan, als die verschiedensten sprachlichen Register zu ziehen. Archaismen und Provinzialismen stehen da ebenso dicht neben den höfischen Wendungen der Zeit wie populäre und saftige Ausdrücke neben erlesenen Anspielungen auf Literatur und Mythologie. »Variété«, das heißt Verschiedenartigkeit, war La Fontaines oberstes Stilprinzip – wenn wir einmal davon absehen, daß es ihm nicht darauf ankam, Neues zu erfinden, sondern sein ganzer Ehrgeiz darauf gerichtet war, Überliefertes zu übernehmen und neu zu gestalten. Man kann sagen: La Fontaine war einer der größten Kombinatoren der Weltliteratur. Noch mehr als für Molière, von dem sie überliefert ist, galt für ihn die Devise: »Ich nehme mein Gut dorther, wo ich es herbekomme!«

Wenn aber Variabilität und Kombinatorik, den Griff zur Modernität miteingeschlossen, das Original kennzeichnen, so kann es nicht verboten sein, dasselbe Prinzip auch in der Übersetzung anzuwenden. Hier kann man nur über das Ausmaß verschiedener Meinung sein und etwa gewisse Anspielungen auf Geschehnisse *nach* La Fontaine als zu weitgehend (somit parodistisch) empfinden.

Daß La Fontaines Tiere in Wahrheit Menschen sind, wurde schon gesagt. Zu fragen wäre nur noch, warum der Dichter zu der Verkleidung gegriffen hat. Die Antworten der Wissenschaft auf diese Frage gehen auseinander. Traditionell heißt es, der Autor habe sich die geringgeschätzte, fast nur noch im Schulunterricht (zum Lateinlernen) gepflegte Gattung auserkoren, weil er darin frei war, sich zu bewegen, wie er wollte: Die Fabel wäre eine Art »poetologische Nische« für La Fontaine gewesen, in der er sich häuslich einrichten konnte. Andere Gelehrte behaupten dagegen, die Fabel sei eine Tarnkappe für den Fabulisten gewesen, hinter der er sich versteckte, um politische Opposition betreiben zu können. Bei dieser Deutung spielt La Fontaines zeitweilige Bindung an den Finanzminister Ludwigs XIV., Foucquet, eine große Rolle. Dieser war einer der letzten großen Feudalherren seiner Zeit gewesen. Als zu selbstherrlich wurde er 1661 vom König überlistet, gefangengenommen und bis an sein Lebensende erbarmungslos verfolgt. La Fontaines Fabeln – zumal diejenigen der ersten Sammlung, die 1668 erschien – enthielten Anspielungen auf den »Fall Foucquet«, die kein Eingeweihter übersehen konnte. So bezieht sich die hier am Schluß wiedergegebene Fabel vom Fuchs und vom Eichhörnchen eindeutig auf Foucquet. Der Name bedeutete, einem dialektal überlieferten Sprachgebrauch zufolge, »Eichhörnchen«, die Devise des Finanzministers hatte »Quo non ascendam?« gelautet. Wie das Eichhörnchen in der Fabel auf den Wipfel eines Baumes klettert – und eben da der Gefahr ausgesetzt ist, vom Blitz getroffen zu werden, war für jeden, der Ohren hatte zu hören, unmißverständlich. Der Fuchs der Fabel wäre, nach dieser politischen Deutung, Foucquets Widersacher Colbert, an den der Fabeldichter sozusagen die Warnung richtete: Gib acht, Dir kann es genauso schlecht ergehen wie Foucquet, dem Eichhörnchen! Die Deutung braucht hier jedoch nicht weiterverfolgt zu werden, denn sie ist insofern doch fraglich, als gerade diese Fabel, die als einzige unmißverständlich auf den »Fall Foucquet« bezogen war, von La Fontaine nicht in seine Sammlung aufgenommen wurde. Vielleicht erschien sie ihm zu durchsichtig und verstieß insofern gegen das Kunstprinzip der Verschleierung, das dem Fabeldichter am Herzen lag. Mag also der Anlaß einiger Fabeln auch wohl derart politisch aktuell gewesen sein, so ist doch klar, daß La Fontaine in der Mehrzahl der Fälle Verallgemeinerungen vorgezogen hat, die über seine Zeit hinausreichten und überzeitliche

Bedeutung erlangen konnten. Viel Enttäuschung ist hier zu viel resignierter Weisheit geronnen: Das wird schon aus der hier vorgelegten Auswahl klar. Die Fabelsammlung insgesamt spricht dieselbe Sprache. Übrigens gibt es seit 1987 – das wäre hier vielleicht noch nachzutragen – eine neue deutsche Übersetzung einer Anzahl La Fontainescher Fabeln. Sie stammt von Jürgen Grimm und ist in einer zweisprachigen Ausgabe erschienen. Der Übersetzer verzichtet auf Metrum und Reim und will mit seiner Prosaversion, wie er sagt, »so nah wie möglich an die Bedeutungsebene des Originals heranführen«. Im Klartext heißt das, daß diese Übersetzung als eine Verständnishilfe für Leser gedacht ist, die zwar ein bißchen Französisch können, aber doch nicht genug, um La Fontaine im Original zu lesen. Dafür mag sie vielleicht sinnvoll sein. Für sich genommen hat Grimms Übersetzung keinen Wert. Im Gegenteil, wer sich eine größere Dosis von ihr zu Gemüte geführt hat, ohne in das Original zu blicken, dem dürfte so schnell die Lust nicht wiederkommen, sich mit La Fontaine zu befassen. Die Lektüre einer Prosaversion wie dieser läßt einen bald merken, daß die Fabeln ihren Sinn verlieren, wenn sie ihres Kunstcharakters beraubt werden. Vor allem merkt man aber, daß der Versuch, »so nah wie möglich an die Bedeutung« der Fabeln »heranzuführen«, ohne eine gewisse Berücksichtigung ihrer poetischen Elemente gar nicht auskommen kann. So liest sich denn (um bei unserer Kostprobe zu bleiben) der Anfang der ersten Fabel bei Grimm zunächst ganz prosaisch so:

> Die Grille hatte
> den ganzen Sommer lang gesungen
> und fand sich völlig mittellos,
> als der kalte Nordwind kam.

Es ist nicht einzusehen, warum das in dieser versähnlich abgesetzten Weise wiedergegeben wird: Verse sind es offensichtlich nicht.

Dann aber kommt doch so etwas wie eine Andeutung von Rhythmus in die Sache, denn Grimm schreibt weiter:

Nicht ein einzig kleines Stück
Fliege oder Regenwurm.

»Ein einzig kleines Stück«? Weiter geht es wieder ganz prosaisch: »Sie klagte über großen Hunger/bei Frau Ameise, ihrer Nachbarin . . .« Für den Monat August aber, den La Fontaine schlicht »août« nennt, setzt Grimm »Erntemond«, wie es schon Dohm getan hatte. Das heißt, die Übersetzung ist nicht Fisch, nicht Fleisch: Sie durchsetzt nolens volens die Alltagsprosa, in der sie zumeist gehalten ist, mit kleinen, mehr oder minder gelungenen poetischen Aufschwüngen. Dadurch wird sie uneinheitlich, und man weiß nicht, woran man sich als Leser halten soll. Eine gelungene Lösung des Problems, das gewiß nicht einfach zu lösen ist, bietet Grimms Übersetzung also nicht. Wer Spaß an La Fontaine haben möchte und ihn nicht im Original lesen kann, der tut wohl doch besser daran, zu Kecks Versen zu greifen. Und wer den Dichter im Original lesen kann, dürfte auch seinen Spaß an diesen Versen haben.

Jürgen von Stackelberg

Zu dieser Ausgabe

insel taschenbuch 1451
La Fontaine
Die schönsten Fabeln

Der Text folgt der Ausgabe: La Fontaine, »Der Rabe und der Fuchs«. Aus dem Französischen von Thomas Keck. Mit farbigen Illustrationen von Rolf Köhler und einem Nachwort von Jürgen von Stackelberg. Insel Verlag Frankfurt am Main 1990.

Erstausgaben der Fabeln:
– Jean de La Fontaine: *Fables choisies, mises en vers par M. de La Fontaine*. Paris 1668 (Livres I-VI).
– Jean de La Fontaine: *Fables choisies, mises en vers par M. de La Fontaine et par lui revues, corrigées et augmentées*. Paris 1678-1679 (Livres I-XI).
– Jean de La Fontaine: *Fables choisies*. Paris 1694 (Livres XII).
– *L'Esprit des autres*, recueilli et raconté par Edouard Fournier, 4e édition. Paris 1861 [enthält eine unveröffentlichte Fabel La Fontaines – *Le Renard et l'Écureuil* – aus den *Manuscrits de Conrart* der Bibliothèque de L'Arsenal, Bd. XI, S. 535. Zweite Veröffentlichung in den *Œuvres inédites de J. de La Fontaine*. Paris 1863].

Der Text der vorliegenden Auswahl folgt der Pléiade-Ausgabe der Œuvres complètes (I: Fables, contes et nouvelles), Paris 1954.

Die Grille und die Ameise. *La Cigale et la Fourmi (I.1)* – Der Rabe und der Fuchs. *Le Corbeau et le Renard (I.2)* – Der Frosch, der sich so breit machen wollte wie das Rind. *La Grenouille qui se veut faire aussi grosse que le Bœuf (I.3)* – Die zwei Esel. *Les deux Mulets (I.4)* – Der Wolf und der Hund. *Le Loup et le Chien (I.5)* – Das Kalb, die Ziege und das Schaf in einer GmbH mit dem Löwen. *La Génisse, la Chèvre et la Brebis, en société avec le Lion (I.6)* – Die Stadtmaus und die Feldmaus. *Le Rat de ville et le Rat des champs (I.9)* – Der Wolf und das Lamm. *Le Loup et l'Agneau (I.10)* – Der Tod und der Unglückliche. *La Mort et le Malheureux (I.15)* – Der Tod und der Holzhacker. *La Mort et le Bûcheron (I.16)* – Der Mann in den Wechseljahren und seine beiden

Freundinnen. *L'Homme entre deux âges, et ses deux Maîtresses (I.17)* – Der Fuchs und die Störchin. *Le Renard et la Cigogne (I.18)* – Das Kind und der Lehrer. *L'Enfant et le Maître d'école (I.19)* – Der Hahn und die Perle. *Le Coq et la Perle (I.20)* – Die Eiche und das Schilf. *Le Chêne et le Roseau (I.22)* – Der von einem Pfeil verwundete Vogel. *L'Oiseau blessé d'une flèche (II.6)* – Der Löwe und die Maus. *Le Lion et le Rat (II.11)* – Die Taube und die Ameise. *La Colombe et la Fourmi (II.12)* – Der Hahn und der Fuchs. *Le Coq et le Renard (II.15)* – Die königsgeilen Frösche. *Les Grenouilles qui demandent un Roi (III.4)* – Der Säufer und seine Frau. *L'Ivrogne et sa Femme (III.7)* – Der Wolf und der Storch. *Le Loup et la Cigogne (III.9)* – Der vom Menschen niedergestreckte Löwe. *Le Lion abattu par L'Homme (III.10)* – Der Fuchs und die Trauben. *Le Renard et les Raisins (III.11)* – Der alt gewordene Löwe. *Le Lion devenu vieux (III.14)* – Das Kamel und der tote Ast. *Le Chameau et les bâtons flottants (IV.10)* – Der Fuchs und die Büste. *Le Renard et le buste (IV.14)* – Der Kampf der Wiesel und der Ratten. *Le combat des Rats et des Belettes (IV.6)* – Die Ärzte. *Les Médecins (IV.12)* – Wort des Sokrates. *Parole de Socrate (IV.17)* – Die Ohren des Hasen. *Les oreilles du Lièvre (V.4)* – Der Fuchs ohne Schwanz. *Le Renard ayant la queue coupée (V.5)* – Der gebärende Berg. *La Montagne qui accouche (V.10)* – Der heilige Esel. *L'Âne portant des reliques (V.14)* – Das Pferd und der Esel. *Le Cheval et l'Âne (VI.16)* – Der Hund, der seine Beute für einen Schatten fallen läßt. *Le Chien qui lâche sa proie pour l'ombre (VI.17)* – Die pestkranken Tiere. *Les Animaux malades de la peste (VII.1)* – Der Vorteil der Wissenschaft. *L'avantage de la science (VIII.19)* – Der Wolf und der Jäger. *Le Loup et le Chasseur (VIII.27)* – Der Affe und der Leopard. *Le Singe et le Léopard (IX.3)* – Der Mensch und die Natter. *L'Homme et la Couleuvre (X.1)* – Die Fische und der flötende Schäfer. *Les Poissons et le Berger qui joue de la flûte (X.10)* – Der Löwe, der Affe und die beiden Esel. *Le Lion, le Singe et les Deux Ânes. (XI.5)* – Der kranke Hirsch. *Le Cerf malade (XII.6)* – Der Fuchs, die Fliegen und der Igel. *Le Renard, Les Mouches, et le Hérisson (XII.13)* – Der Fuchs und die Truthühner. *Le Renard et les Poulets d'Inde (XII.18)* – Der Affe; Der Affe [Deutsche Variante]. *Le Singe (XII.19)* – Ein Narr und ein Weiser. *Un Fou et un Sage (XII.22)* – Der Fuchs und das Eichhörnchen. *Le Renard et l'Écureuil (Œuvres inédites)* – Epilog (zum ersten Band der Fabeln). *Épilogue*

Inhalt